LA GUIDA DEFINITIVA PER PADRONEGGIARE BITCOIN E CRIPTOVALUTE

FAI TRADING E INVESTI IN CRIPTOVALUTE SENZA PAURA

WAYNE WALKER

Indice

Introduzione

Congratulazioni per aver ottenuto la tua copia personale di *La Guida Definitiva per Padroneggiare Bitcoin e Criptovalute.* Iniziamo il nostro viaggio dal mondo delle valute emesse dal governo alle criptovalute. I primi cinque capitoli ti conferiranno una solida introduzione all'universo delle criptovalute, e ti verranno presentati una vasta gamma di argomenti, dalla blockchain al mining. Acquisirai inoltre un'ampia e profonda comprensione dei meccanismi che sono alla base di una delle criptovalute più popolari. L'enfasi si sposta poi nei restanti capitoli, i quali si baseranno sulle applicazioni pratiche per il trading. Verrai introdotto alle strategie di trading insieme al know-how su come applicarle. Imparerai inoltre a sfruttare i pratici indicatori di analisi tecnica in grado di aumentare la tua capacità di fare soldi. In questa parte è incluso l'argomento spesso trascurata della psicologia del trader. Queste sezioni sono un bonus utilizzabile dai trader di ogni tipo. Grazie per aver scelto questo libro!

Nota: nel corso di tutto il libro le parole digitale e criptovaluta verranno utilizzare in modo intercambiabile.

Capitolo 1:
Che cos'è Bitcoin (BTC)?

I bitcoin è una valuta digitale decentralizzata (una risorsa digitale). Non è un titolo, un bene tangibile o una moneta reale. Nessun governo lo possiede. Puoi trasferire rapidamente denaro senza governi o banche, e a basso costo. Nella sua forma base si tratta di un grande foglio di calcolo, un registro pubblico sicuro. Prima del denaro esistevano i libri mastri. Questo è il modo in cui le prime società tracciavano chi aveva e faceva cosa. Le criptovalute, come le chiamano in molti, sono un'evoluzione naturale nella storia del denaro, dal baratto, alle monete, alla carta moneta, al digitale.

Sicuro?

Quanto è sicuro? E se qualcuno o qualche gruppo avesse violato il registro? Anche se il 40-49% fosse violato, la maggioranza avrebbe le informazioni corrette (il libro mastro è decentralizzato). Finché la maggior parte dei libri mastri corrisponde, la transazione sarà valida. Se qualche entità tenterà un attacco del 51% (maggioranza), dovresti essere consapevole che questo potrebbe richiedere fondi nell'area di 500 milioni di dollari per la sua esecuzione. Inoltre, un attacco di tali dimensioni verrebbe notato in tempi relativamente brevi dalla rete.

Chiavi e Portafogli

Esiste una chiave privata segreta e una chiave di verifica pubblica. La chiave privata è ciò che dà accesso al tuo account. La chiave pubblica viene utilizzata per inviare o ricevere denaro, ma a meno che tu non abbia la chiave privata non sarai in grado di spostare una moneta. Il tuo "portafoglio" contiene la tua chiave privata. Un portafoglio Bitcoin è quasi l'equivalente di un portafoglio fisico. Nel tuo portafoglio verranno anche mostrate le tue transazioni nel libro mastro.

Perché Bitcoin (BTC)?

Spostare denaro o regolare transazioni è costoso e macchinoso. Come ostacoli si tiene conto degli spread valutari, delle tasse, delle commissioni bancarie e dei giorni di transazione. La tariffa media per un bonifico bancario estero negli Stati Uniti e altrove è costosa. Dai tesorieri aziendali ai migranti che mandano denaro ai parenti rimasti al proprio paese, tutti detestano le commissioni di trasferimento tradizionali. Con il Bitcoin, il denaro può essere spostato per commissioni nominali. In questo modo si potranno assistere miliardi di persone che non hanno accesso ai servizi bancari. Si tratta di un'opzione usufruibile da coloro che sono sottoposti ad alta inflazione e controlli valutari in paesi (al momento in cui è stato scritto questo testo) come Venezuela, Zimbabwe, ecc.

Una Transazione BTC di Base

A) Sarah vuole inviare a Phillip 20 Bitcoin

B) Sarah possiede 100 Bitcoin

C) Sarah prepara una "transazione" e la invia sulla blockchain*

D) Un numero sufficiente di "miner" confermano che le transazioni in un blocco* sono legittime. Phillip decide di quanta convalida necessita. Nonostante l'affidabilità dei miner, la maggior parte di essi lo sarà e possiamo fidarci che la transazione tra di loro sia valida.

E) I bitcoin vengono trasferiti

*Blockchain: un record/registro **pubblico** delle transazioni Bitcoin

*Blocco: si tratta di <u>un record presente nella blockchain</u> che contiene e conferma le transazioni in attesa

BTC Believers

Un elenco di persone con una visione positiva del Bitcoin include nomi influenti come Bill Gates, Richard Branson e Peter Thiel. Altri finanziatori includono venture capitalist (VC) e startup di Bitcoin con oltre 1 miliardo di dollari USA investiti fino ad ora. Un altro esempio è BitAngels, un gruppo di investitori incentrato su Bitcoin che ha come obiettivo quello di scalare startup.

Alcune delle principali aziende che considerano o accettano già pagamenti in Bitcoin sono Subway, Wordpress, Virgin Galactic, Reddit, Wikipedia, Shopify, OKCupid, Amazon, Paypal e Ebay. Si tratta solo di un'istantanea. Per i proprietari di piccole imprese, questo modo crea un nuovo pool di potenziali clienti.

Bitcoin History (Versione Rapida)

Satoshi Nakamoto: Ciò Che Sappiamo

- Autore del white paper e del software Bitcoin originale
- Non è un nome reale. L'identità reale è sconosciuta, potrebbe essere lei, lui, loro o entità aziendale
- Raramente sentito dal 2010
- Possiede molti Bitcoin derivanti dalle prime attività di mining

Cronologia

2009-2011: Entusiasmo nei forum che diffondono idee ma nessuna vera trazione. Blocco di genesi stabilito il 3 gennaio 2009

2012-13: Attenzione iniziale da parte di investitori, acquirenti di rischi, imprenditori

2013-2014: le grandi VC iniziano ad investire

2015: Wall Street e le istituzioni iniziano ad investire seriamente

2016-oggi: commercianti al dettaglio, cosiddetti "uomini della strada" entrano in numero elevato

Le Tanti "morti" di Bitcoin

Il bitcoin è "morto" più di 150 volte. Di seguito sono riportate solo alcune delle predizioni estremamente imprecise sulla scomparsa del Bitcoin.

- 11 agosto 2013 "Perché Bitcoin È Destinato A Fallire" - moneygeek | 93,43$

- 16, novembre 2013 "Il Bitcoin È Uno Scherzo" - Business Insider | 433,57$

- 4, maggio 2017 "L'inizio della Fine per il Bitcoin" - Daily Reckoning | 1541,90$

- 12, luglio 2017 "L'accettazione di Bitcoin è praticamente a zero e sta diminuendo" - Yahoo Finanza | 2410,55$

Blocchi e Problemi del Bitcoin

- 2011-2013: si sono verificate importanti bolle di prezzo e crolli

- Febbraio 2014: Mt. Gox, uno scambio di Bitcoin, ha dichiarato bancarotta a Tokyo. La società ha perso quasi 750.000 Bitcoin dei suoi clienti, più di 100.000 dei propri, per un valore di circa 473 milioni di $ al momento del deposito. Mt. Gox ha affermato che i bitcoin sono stati rubati e ha incolpato gli hacker.

Suggerimento: Effettua la due diligence, *ma* fai attenzione ad utilizzare i risultati di una società privata come giudizio riferibile ad un intero settore.

Bitcoin È Anonimo?

Bitcoin **non** è anonimo al 100% gli indirizzi sono composti da chiavi pubbliche. Gli indirizzi tuttavia non sono collegati alla tua identità nel mondo reale. Per creare una nuova identità basta solamente creare una nuova chiave pubblica: questo si chiama pseudonimato.

Le valute basate su blockchain sono tracciabili pubblicamente e permanentemente, ogni moneta ha una cronologia ed è possibile visualizzare tutte le transazioni precedenti. Il vero anonimato richiede che vi siano pseudonimato e scollegabilità. Possiamo quindi dire che transazioni differenti ricollegabili allo stesso utente all'interno la rete non dovrebbero essere collegabili tra loro. Senza l'anonimato, la privacy sarà ancora inferiore rispetto alle banche tradizionali!

Scollegabilità

Se ci si trova di fronte alla scollegabilità è difficile collegare diversi indirizzi dello stesso utente. È allo stesso tempo difficile collegare diverse transazioni dello stesso utente e il mittente di un pagamento al suo destinatario. Perché ciò è necessario? Molti servizi di Bitcoin richiedono l'utilizzo di un'identità reale. Ad esempio, i portafogli e gli scambi online, alcuni normati, tengono registri che rimuovono l'anonimato con l'utilizzo di tali servizi.

Capitolo 2:
La Meccanica del Bitcoin

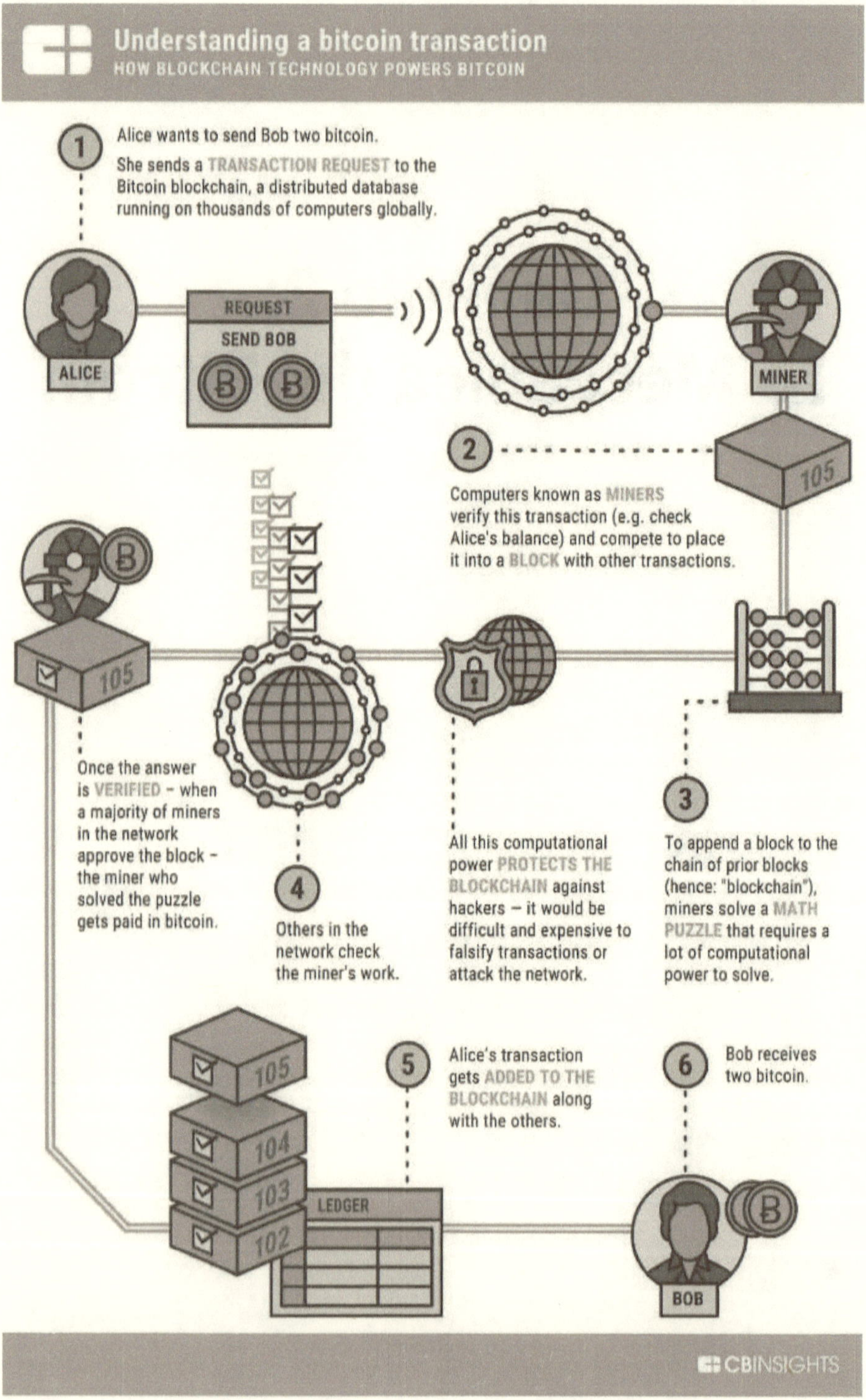

Understanding a bitcoin transaction
HOW BLOCKCHAIN TECHNOLOGY POWERS BITCOIN

1 Alice wants to send Bob two bitcoin.

She sends a TRANSACTION REQUEST to the Bitcoin blockchain, a distributed database running on thousands of computers globally.

REQUEST
SEND BOB
Ⓑ Ⓑ

ALICE

MINER

105

2 Computers known as MINERS verify this transaction (e.g. check Alice's balance) and compete to place it into a BLOCK with other transactions.

105

Once the answer is VERIFIED – when a majority of miners in the network approve the block – the miner who solved the puzzle gets paid in bitcoin.

4 Others in the network check the miner's work.

All this computational power PROTECTS THE BLOCKCHAIN against hackers – it would be difficult and expensive to falsify transactions or attack the network.

3 To append a block to the chain of prior blocks (hence: "blockchain"), miners solve a MATH PUZZLE that requires a lot of computational power to solve.

5 Alice's transaction gets ADDED TO THE BLOCKCHAIN along with the others.

6 Bob receives two bitcoin.

105
104
103
102

LEDGER

BOB

CBINSIGHTS

Comprendere una transazione bitcoin

COME LA TECNOLOGIA BLOCKCHAIN SERVE IL BITCOIN

1 Alice vuole inviare a Bob due bitcoin. Lei invia una RICHIESTA DI TRANSAZIONE alla blockchain del Bitcoin, un database distribuito che lavora su centinaia di computer a livello globale

REQUEST SEND BOB
RICHIESTA INVIATA A BOB

2 I Computer conosciuti come MINER verificano la transazione (per es. controllano il contro di Alice) e completano il tutto posizionandola in un BLOCCO con altre transazioni.

3 Per aggiungere un blocco alla catena di blocchi precedenti (blockchain), i miner risolvono un PUZZLE MATEMATICO che richiede molta potenza di calcolo per la sua risoluzione.

Tutta la potenza di calcolo PROTEGGE LA BLOCKCHAIN dagli hacker: risulta difficile e costoso falsificare le transazioni o tentare un attacco alla rete.

4 Altri soggetti all'interno della rete controlla l'operato dei miner.

Una volta VERIFICATA la risposta, nel momento in cui i miner della rete approvano un blocco, il miner che ha risolto il puzzle ottiene un pagamento in bitcoin.

5 La transazione di Alice VIENE AGGIUNTA ALLA BLOCKCHAIN con le altre,

6 Bob riceve i bitcoin

Software Bitcoin Core: il Regolamento del Bitcoin

Il Software Bitcoin Core è open source, (licenza MIT). L'open source è un software con "codice sorgente" che può essere ispezionato, modificato e migliorato da chiunque. Questo "codice sorgente" è il codice utilizzato dai programmatori per modificare il funzionamento di un software o di un programma.

Archiviazione di Bitcoin

Daremo ora uno sguardo ad alcuni dei metodi utilizzabili per memorizzare e tenere traccia delle monete. Per le tue monete puoi optare tra opzioni di archiviazione hot (online) e cold (offline).

Portafoglio Software – Vantaggi/Rischi

Un portafoglio software è un metodo relativamente semplice. Puoi memorizzare la tua chiave in un file archiviato sul tuo computer o telefono. È una pratica conveniente, ma se il dispositivo viene perso, anche la chiave viene persa; il che significa che le tue monete andranno perse. In altre parole, è sicuro solo quanto lo è tuo dispositivo. Se il tuo dispositivo viene violato e la chiave copiata, è probabile che ti ritroverai con le monete rubate.

Portafoglio Online – Vantaggi/Rischi

Un portafoglio online è similare ad un portafoglio software locale, ma nel cyberspazio. Un sito memorizza le chiavi e tu devi accedere per arrivare al portafoglio. È comodo, perché non devi installare niente e funziona su più dispositivi. I problemi di sicurezza sono ben noti. È vulnerabile nel caso in cui il sito sia compromesso (internamente o esternamente). Tieni presente che le tue chiavi private sono archiviate su un altro server, con migliaia di altre chiavi che potrebbero invogliare gli hacker a portare avanti un attacco.

Portafoglio di Carta e Hardware – Vantaggi/Rischi

Un portafoglio di carta significa stampare le tue chiavi pubbliche e private su carta e blocca la carta stessa. Più sicuro rispetto alle controparti online, un portafoglio di carta può comunque rischiare di essere strappato, danneggiato dall'acqua, rubato o distrutto in molti altri modi. È importante creare più copie e tenerle al sicuro.

I portafogli hardware sono dispositivi autonomi a forma di USB che generano chiavi durante la creazione di una transazione. Richiedono il collegamento al tuo computer durante la transazione. I portafogli sono immuni da potenziali malware per computer dato che generano chiavi private offline, sui dispositivi stessi. Sono convenienti e relativamente facili da usare. Forniscono delle opzioni di backup, e possono inoltre essere protetti con una password per contrastare eventuali i furti. Nel complesso, i portafogli hardware sono l'opzione più sicura.

Scambio di Bitcoin

Negli scambi vengono accettati depositi di Bitcoin (BTC) e valute legali ($,€) con una promessa di rimborso su richiesta. In questo modo viene consentito ai clienti di effettuare/ricevere pagamenti in Bitcoin, comprare/ vendere Bitcoin per valuta fiat, oltre a mettere insieme acquirenti e venditori di Bitcoin .

Ecco un esempio di transazione comune: il mio conto nello scambio ha 5000$ + 3 BTC, utilizzo la borsa per acquistare 2 BTC a 1000$ ciascuno. Risultato finale: il mio conto ha 3000$ + 5 BTC.

Normativa: Banche vs Scambio

Con le banche tradizionali, il governo generalmente:

- Impone obblighi minimi di riserva
- Assicura depositi

Nel campo degli scambi, il contesto normativo varia notevolmente a seconda del paese. Tuttavia, ve ne è qualcuno che si è guadagnato la fiducia del mercato.

Dettagli del Bitcoin Geek

- 100 M di *Satoshis* per Bitcoin
- Totale di 21Mm di Bitcoin

- 1 MB(megabyte*) per ogni blocco, vale a dire circa 7 transazioni al secondo. Tienilo presente
  Il sistema VISA è in grado di processare dalle 2.000 alle 10.000 transazioni per secondo
- *Un megabyte equivale ad un milione di byte di informazioni

Capitolo 3:
Mining Bitcoin

Il processo di mining è una delle opzioni principali per prevenire le frodi. I miner confermano l'autenticità delle transazioni Bitcoin contenute in un blocco. Questo viene fatto acquisendo i dati corrispondenti di ogni transazione e usandoli per il completamento di un problema matematico. La soluzione è nota come "hash", vale a dire una stringa univoca composta da cifre e più breve che contiene informazioni importanti sulle transazioni all'interno del blocco. I miner vengono ricompensati per i loro sforzi con 12,5 monete.

Miner

I miner del bitcoin si uniscono alla rete, ascoltano le transazioni e convalidano tutte quelle proposte. Ascoltano anche i nuovi blocchi, ne mantengono la catena e quando viene proposto un nuovo blocco, lo convalidano. La fornitura totale di Bitcoin si attesta sui 21 milioni. A meno che le regole non cambino, si esauriranno entro il 2040.

Requisiti e Hardware per Mining

Il Mining necessita di enormi quantità di elettricità! Questo viene utilizzato per eseguire i calcoli 24/7, 365 giorni l'anno. Si devono poi calcolare ci sono gli elevati requisiti di raffreddamento, necessari per proteggere le macchine. La temperatura ideale nei centri di mining si attesta tra i 15 e i 25°C (59–77°F).

Hardware

Con un PC di fascia alta ti servirebbero anni per trovare un blocco, per questo si ha bisogno di qualcosa di molto più veloce. Gli ASIC del Bitcoin sono gli hardware mining del Bitcoin. Sovraperformano altre piattaforme per il mining Bitcoin

in termini di velocità ed efficienza. I chip ASIC per Bitcoin generalmente può essere utilizzato solo per il mining Bitcoin Grazie ai chip ASIC il tempo necessario per trovare un blocco diminuisce in modo significativo. Sono progettati per essere gestiti costantemente per tutta la vita e richiedono una notevole competenza.

Mining Pool

Il solo mining è davvero difficoltoso. Anche con il mining hardware più recente, a meno che non si abbia accesso ad un'alimentazione incredibilmente economica, si potrebbe finire per spendere tutto in bollette elettriche. Per questo i miner più piccoli raggruppano il proprio rischio, cosicché i partecipanti del pool tentano di estrarre i blocchi. Distribuiscono i ricavi (commissioni di transazione, insieme ai Bitcoin di nuova creazione) ai membri in base al lavoro svolto, sottraendone la quota spettante al gestore del pool.

I primi pool sono apparsi nel 2010, e già nel 2015 circa il 90% del mining era basato sull'utilizzo di pool. Ad ogni modo, oggi dominano i principali centri di mining. Miner a livello professionale diventano possibili in presenza delle seguenti condizioni: potenza economica, buona rete e clima fresco. Dal momento che operano 24/7, 365 giorni l'anno, un grande centro di mining (più di 20.000 macchine), utilizza oltre 40 megawatt di elettricità l'ora, la quantità media utilizzata da 12.000 case nello stesso periodo. Il costo può arrivare fino a 40.000$ al giorno per l'elettricità, anche con gli sconti normalmente ricevuti.

Ricompense per il Block Mining

Attualmente, le ricompense per i blocchi costituiscono la maggior parte delle entrate dei miner. La prospettiva è che in futuro le commissioni di transazione domineranno. La ricompensa del blocco mining di Bitcoin si dimezzerà ogni 210.000 blocchi e l'attuale ricompensa in monete scenderà da 12,5 a 6,25 monete.

Capitolo 4:
Comunità e Politiche
dei Bitcoin

Una proposta di miglioramento bitcoin (BIP) è una proposta formale inerente le modifiche a Bitcoin. Comprende le specifiche tecniche e la base inerente. Chiunque può proporre un BIP. Spetta alla comunità Bitcoin di utenti, miner, sviluppatori e investitori votare e decidere se implementare o meno le proposte.

Nella comunità Bitcoin, le modifiche alle regole di Core Developers sono seguite di default. Cosa succede se gli utenti non sono concordi su una modifica delle regole? Possono uscire o esercitare il loro diritto di "biforcare" tra le regole o il software. Con biforcazione (fork) si intende una modifica al software di una valuta digitale che crea due versioni separate della blockchain che mantengono però una storia condivisa.

Possibilità di Soft o Hard Fork

Le soft fork possono portare a nuovi schemi di firma e metadati extra per blocco. Le hard fork possono portare a modifiche inerenti i limiti di dimensione e il tasso di mining.

Un hard fork è una divergenza permanente all'interno blockchain, si verifica quando i nodi non aggiornati non possono convalidare i blocchi creati dai nodi aggiornati che seguono quindi le regole di consenso più nuove. Un nodo è un computer che si connette alla rete Bitcoin.

Dopo un hard fork, se la biforcazione doveva iniziare un altcoin (valuta alternativa), l'altcoin va per la sua strada separata; essi coesistono. Se la biforcazione riflettesse una lotta per il futuro del Bitcoin, a quel punto le parti combatterebbero perché la quota di mercato venga valutata vista come il "vero Bitcoin"; una vince e l'altra potrebbe svanire. Nel caso di Bitcoin Cash, coesistono.

Esempio di hard fork: il Bitcoin Cash è simile al Bitcoin, tranne per il fatto che aumenta le dimensioni di un blocco da 1 a 8 MB. Perché era necessario? Se una transazione non entra in un blocco inviato in rete per la convalida, allora dovrà attendere causando un rallentamento del processo. L'aumento delle dimensioni di un blocco porta a transazioni più veloci.

Chi Detiene il potere Nel Bitcoin?

Ci sono molte opinioni su chi abbia il potere "reale" nel Bitcoin. Per il momento ci baseremo sul principio che vuole che la risposta dipenda da chi vince la lotta in caso di disaccordo. Di seguito viene riportata una breve descrizione dei diversi giocatori in campo.

Broker con Potere nel Bitcoin

Investitori – Determinano se il Bitcoin ha un valore di mercato
Sviluppatori Bitcoin Core – Scrivono il regolamento
Miner – Si occupano della cronologia e di convalidare le transazioni

Commercianti e loro clienti – Generano domanda primaria e prezzo a lungo termine per i Bitcoin

Oltre a questi giocatori, dobbiamo annoverare la Bitcoin Foundation (fondata nel 2012). Tale fondazione si occupa di pagare gli Sviluppatori del Core e di interloquire con i governi come rappresentante del Bitcoin.

Capitolo 5: Regolamento

governi sono molto consapevoli dell'esistenza del Bitcoin. La loro attenzione è focalizzata su di esso poiché il denaro digitale è irrintracciabile, aggirando così i controlli sui capitali e obbligando i paesi a non poter impedire al valore del Bitcoin di fluire in entrata o in uscita.

Quindi esiste qualcuno che possa fermare il Bitcoin? Hmm... il Bitcoin potrebbe essere vietato attraverso la regolamentazione degli operatori della comunicazione (la comunicazione è soggetta a regolamentazione). Il Bitcoin è una tipologia di traffico internet che può essere fermato come qualsiasi altro. Se un governo dovesse decidere improvvisamente che nessuno all'interno di quel territorio può accedere ai Bitcoin, potrebbero imporre che le telecomunicazioni vietino l'accesso mediante una black list degli scambi e di altro nella propria infrastruttura. Nel 2017 la Cina ha cercato di dare un giro di vite agli scambi, ma non ha avuto molto successo. Il prezzo del Bitcoin è solo salito nelle settimane seguenti. Di recente ho letto di una società che lavora su una rete satellitare globale che trasmetterà i dati blockchain fino ad ogni angolo del pianeta; in questo modo che le persone potranno utilizzare i Bitcoin senza dover utilizzare Internet.

La Prima Ondata di Norme

La BitLicense dello Stato di New York ha fatto parte della prima ondata di norme atte a colpire il Mercato della criptovaluta. Se la tua attività coinvolge New York o un residente dello Stato di New York, chiunque tutto ciò che è elencato di seguito è necessario per l'ottenimento della licenza:

- Trasmissione di valuta virtuale
- Conservazione, detenzione o mantenimento della custodia o del controllo della valuta virtuale per conto terzi
- Compravendita di valuta virtuale come azienda cliente
- Effettuazione di servizi di scambio come azienda cliente
- Controllo, amministrazione o emissione di una valuta virtuale

Aspetti Negativi

La valuta digitale irrintracciabile ha purtroppo una serie di aspetti negativi. Può rendere

semplici alcuni reati come il rapimento, l'estorsione, l'evasione fiscale e la vendita di oggetti illegali. Un esempio di ciò è stato lo scandaloso sito web Silk Road. Ha operato da febbraio 2011 a ottobre 2013. Era il più grande mercato online per le droghe illegali. I pagamenti venivano effettuati in Bitcoin e il sito deteneva le monete per sicurezza, mentre le merci venivano spedite.

Ross Ulbricht era il cervello che si celava dietro a Silk Road. Si è fatto conoscere con diversi alias, i più noti erano "Frosty" e "Dread Pirate Roberts". Cercò di coprire le sue tracce, ma le autorità furono in grado di trovare le prove. Fu arrestato nell'ottobre 2013 e ora sta scontando l'ergastolo in carcere. Il governo ha sequestrato 174.000 Bitcoin, successivamente messi all'asta al pubblico.

Da questo le due lezioni da imparare sono: in primo luogo che è difficile rimanere anonimi per molto tempo. L'altra è che è difficile passare dal sommerso all'economia legittima senza attirare l'attenzione delle forze dell'ordine.

Capitolo 6:
Trading Bitcoin e Altcoin

Le criptovalute forniscono volatilità, e dato che come trader lo adoriamo, è musica dolce per noi. Perché? Se effettui uno scambio e non ricevi alcun risultato, hai appena pagato lo spread al tuo broker per niente. Il trading è un business (o dovresti trattarlo in quanto tale), nel quale recuperare il costo della transazione (lo spread) di cui hai bisogno e del quale ne desideri la volatilità.

Voci e Panico si aggiungono alla volatilità. Può esserci anche un'estrema sensibilità alle notizie, il 20% delle mosse giornaliere **non** sono poco comuni. L'autunno del 2017 ha visto una volatilità sorprendente, anche per gli standard della criptovaluta.

Vantaggi

Solitamente non vi sono limiti minimi alle dimensioni degli scambi, a differenza del trading di azioni, materie prime o forex spot. Puoi anche vendere allo scoperto; in questo caso per te va bene un mercato al rialzo o al ribasso. Altri vantaggi sono la possibilità di fare trading direttamente con gli scambi e i broker che non sono più obbligatori. Puoi fare trading 24/7, e sono ancora più ore di trading rispetto al forex spot. Ovviamente la liquidità non è la medesima nell'arco della giornata, alcuni momenti sono più liquidi di altri.

Trading Giornaliero

Il trading giornaliero va fatto con cautela! Per il momento puoi fare trading principalmente contro trader inesperti, ma la scena sta cambiando. L'autunno del 2017 ha visto il lancio del primo fondo comune di investimento Bitcoin d'Europa, in Francia. Vi sono anche segnalazioni di diversi fondi hedge e privati che possono contare su enormi risorse in procinto di entrare nel mercato.

Timing di Mercato

Entrare nel "momento perfetto" se si tratta di Bitcoin e criptovalute non è realistico. Invece Quello che sta succedendo, guadagni settimanali a due cifre, non dovrebbe ma lo è. L'utilizzo di analisi o fondamenti strettamente tecnici ti farà fallire. Cerca di acquistare su panic drops, rimbalza verso l'alto dopo che le panic drops di Bitcoin sono state molto redditizie. Una tattica da seguire per affrontare la volatilità, consiste nell'impostare avvisi di prezzo per movimenti di prezzo evidenti. Consiglio vivamente di pensare ad accumulare gradualmente, la ricchezza derivante dalla criptovaluta richiede tempo. Ignora, per quanto possibile, l'hype del Selvaggio West al quale si assiste ultimamente. Se la tua posizione in merito alla criptovaluta aumenta del 100%, avrai dei profitti. Se in seguito ad un importante breakout al rialzo avevi una posizione esistente, allora acquista sui pullback. Le migliori opportunità esistono per chi è informato e poco emotivo. In particolar modo in un'arena dove concorrono commercianti di criptovalute che non sono stati testati e devono affrontare cali del 40-50%

Leva finanziaria

Leva finanziaria? Da utilizzare con cautela e solo con entità che offrono stop loss affidabili. Bitcoin e criptovalute in generale, sono asset che possono muoversi del 20-30% (in entrambe le direzioni) in alcuni giorni. Da questo ne deriva che il tuo account può saltare in aria facilmente. Perdi denaro quando vieni spinto al di fuori, e questo può accadere facilmente con una leva elevata. In conclusione, rimani in gioco e prendi qualsiasi abbreviazione a lungo termine con estrema cautela... tieni a mente tutte le "morti" di Bitcoin.

Trading di Valute Alternative (Altcoin) e ICO

- **Valute Alternative (Altcoin)** Le molte valute alternative sono nate in base all'idea e/o al codice alla base del Bitcoin.

- **L'Initial Coin Offering (ICO - Offerta Iniziale di Moneta)** è un metodo di crowdfunding che avviene tramite criptovaluta. **Le ICO** vendono un <u>diritto di proprietà o royalties su uno specifico progetto</u>. Una moneta all'interno di una ICO è un simbolo dell'interesse di proprietà in un'impresa, un "certificato" digitale. Spesso viene confusa con la cosiddetta **"token sale"** che si riferisce alla vendita della partecipazione in un'economia, che consente agli investitori di accedere alle caratteristiche di un progetto <u>in un secondo momento</u>.

Prima di Fare Trading o Investire, Tieni a Mente

Molte altcoin sono inutili, i primi giorni di Internet (.com) tutto da capo. Sfortunatamente, ad oggi vi sono moltissimi imbroglioni e truffatori desiderosi di fregare chi è a caccia di ricchezze "overnight". Come farsi spazio nel campo minato? Cerca i guadagni maggiori, vai lì dove si trova l'azione, MA quei guadagni devono essere comunque supportati da un volume di trading. Il volume dell'altcoin deve essere maggiore di 500.000 USD (per la liquidità). L'ICO necessita di una buona proposta di valore/vendita. Qual è il punto con la moneta? Che problema può risolvere? Anche il team di supporto deve essere di alta qualità.

Uno degli ICO di maggior successo è stato Ethereum, che nel 2014 è riuscito a raccogliere fondi tramite una vendita di token. Nel 2017 sono state effettuate almeno 90 Initial Coin Offerings, ed è stato così raccolto oltre 1 miliardo di dollari USA. A dicembre 2017 erano presenti oltre 1.200 valute digitali.

Tieni presente che con gli ICO nessuno sa con certezza quale avrà successo. Se investi in 5, è probabile che 3 su 4 fallisca. Ma quello che ha successo restituisce 10 volte o anche più. Una moltiplicazione per 10 significa che se hai investito 10 mm $, generi 100 mm $ totali durante la vendita.

Un piccolo consiglio: con le ICO o le transazioni di base puoi inviare frazioni di pagamento come test per i trasferimenti. Esercitandoti ad inviare .001 per le prime transazioni, poi potrai continuare con Bitcoin a 8 cifre decimali.

Tieni presente che molte delle iniziative finanziate da capitale di rischio più recenti non hanno ancora introdotto i loro prodotti sul mercato. Inoltre, si stanno ancora esplorando tutti gli usi di BTC e altcoin. Molti credono, a ragione, che il valore di Bitcoin sarà superato da un'altra moneta. Questi si basano sul fatto che raramente, dopo 5-10 anni, nella tecnologia il first mover rimane il giocatore dominante. In conclusione, siamo solo agli albori delle valute digitali.

TROVA I TRUFFATORI DELLE ICO!

Alcuni dei migliori segnali di allarme del fatto che hai a che fare con i truffatori.

- Raggiungerli è difficile. I loro numeri di telefono non si trovano con una semplice ricerca sul web
- Il white paper è solitamente breve (meno di 10 pagine), pieno di errori grammaticali o ortografici di base
- La qualità del sito web è bassa o per la sua creazione è stato utilizzato un servizio gratuito
- La parte "chi siamo" e i dettagli di registrazione sono discutibili o mancanti
- Il CEO o i consulenti non si trovano su LinkedIn o altri canali professionali

Capitolo 7:
Tattiche di Trading

n questo capitolo esamineremo i motivi principali per cui i trader perdono denaro e, aspetto più importante, parleremo delle soluzioni.

Aspettative Irrealistiche: quando si inizia a fare trading è importante, così come per molte altre cose, avere un'idea realistica di ciò con cui si ha a che fare. Le aspettative irrealistiche possono assumere la forma di qualcuno che inizia con quello che è un conto mini-trader di 1.000 o forse 2.000 USD e si aspetta di diventare ricco overnight.

Va bene iniziare con 100 o 200 dollari. Non c'è niente di sbagliato nell'importo, ma quegli stessi trader a 100 o 200 dollari si aspettano di trovare nei propri conti 1.000 o 2.000 dollari entro un paio di giorni. Là fuori vi sono aziende che effettivamente hanno affermato o addirittura promesso di poterlo fare. Non sto dicendo che sia impossibile, ma che non è realistico. È essenziale che durante il trading tu mantenga il senso della realtà.

Nessun Piano: in molti credono che "non riuscire a pianificare significhi fallire"; tramite la pianificazione il tuo trading sarà in linea con il tuo periodo di tempo e con le aspettative di risultato. Avere un piano di trading è fondamentale, dato che senza di esso potresti andare incontro a perdite potenzialmente enormi. Senza un piano entrare nel mondo del trading non ha senso.

Troppo Rischio: potrebbe essere la persona con 100 dollari o addirittura 100.000 nel proprio account. Non è l'importo in sé il fattore critico, ma lo è l'importo che stai rischiando in relazione ai fondi disponibili. Partirai dalla posizione di rendere "il fallimento sopravvivibile". Tale concetto si basa sull'idea che le tue perdite non dovrebbero mai essere catastrofiche. Ad esempio, ogni posizione non dovrebbe utilizzare più del 5 o 6% del proprio capitale di rischio disponibile. Ciò significa anche che, nel caso di utilizzo di una la leva finanziaria, questa dovrebbe essere di importo basso.

Confondere il Trading Con gli Investimenti: nei miei anni passati a lavorare in banca ho seguito innumerevoli clienti ai quali ho dovuto sottolineare ripetutamente che non dovevano confondere le due realtà. Fare trading significa fare soldi a breve termine, si tratta di un'attività che genera reddito, entrate e uscite dalle operazioni. L'investimento è una realtà più a lungo termine e solitamente richiede almeno un anno di tempo. Potrebbe essere che alcuni dei tuoi obiettivi di investimento derivino dal trading, ma fai attenzione a non confonderli. Per alcuni potrebbe sembrare fondamentale, ma se parliamo di esperienza di consulenza ai clienti a livello globale, sono ancora molte le persone che confondono il trading e gli investimenti.

Soluzioni:

Va bene parlare di problemi e sfide, ma ovviamente dobbiamo parlare anche di alcune soluzioni.

Leva Bassa: per evitare il problema di un rischio eccessivo, una soluzione collaudata dovrebbe utilizzare una leva finanziaria bassa.

Mantenere la leva bassa ti dà il tempo per pensare, per reagire in modo più efficace e di non essere troppo sensibile ai cambiamenti del mercato.

Scaling In Scaling Out: scaling in scaling out è uno dei miei preferiti. Lo utilizzo sia per i miei investimenti che con il trading. Valutando un ridimensionamento su scala, la teoria alla base è quella di consentire al mercato di fornirti indicazioni su da che parte andare; è davvero semplice. Facciamo un esempio: dopo aver fatto la mia analisi tecnica e fondamentale prevedo di acquistare 250 altcoin GCMS. Da dove iniziare? Inizierei con una posizione di 25 o 50 monete e aspetterei che sia il mercato a confermarmi se sono sulla buona strada. Se ho acquistato monete GCMS a 100 dollari e improvvisamente salgono a 125 per moneta, perfetto, il mercato sta confermando che la mia decisione è giusta. In questo esempio, se ho iniziato con 25 monete, ne potrei aggiungere altre 25 o 50 e ripetere il procedimento fino al raggiungimento del mio obiettivo di 250 monete.

Alcuni potrebbero affermare che mi ho perso parecchio nel passaggio da 100 a 125 e probabilmente è così, ma potendo fare tutto con calma sono anche più sicuro nella mia decisione. Al contrario, tornando al tema dello scaling out, immaginiamo che il mercato si sia mosso contro le mie scelte; invece di avere 250 monete a rischio inizialmente, queste sarebbero state solo 25. Ovviamente esiste un compromesso, ma per esperienza posso dire che è a vantaggio di coloro che stanno affrontando uno scaling in o out.

Facciamo un altro esempio, supponiamo che tu abbia acquistato 100 monete a 100 dollari ciascuna e che il prezzo scenda improvvisamente a 90. Quello che vorrei suggerire è di considerare di venderne solo 25 o 30 invece di vendere tutto subito, questo perché il calo potrebbe derivare solo da una reazione eccessiva del mercato. Sono molti gli elementi che possono entrare in gioco, ad esempio una voce falsa; e così ancora una volta stai permettendo al mercato di guidarti lungo il giusto percorso. Ovviamente se il prezzo continua a scendere, allora potrai decidere di effettuare un'uscita finale se il contesto supera il tuo stop loss mentale.

Negoziare Mercati Liquidi: negoziare mercati liquidi è un'attività che non posso enfatizzare troppo. Avere uno scambio di tipo long shot (con capitale ultra-rischioso) va bene, purché si abbia consapevolezza del rischio. Se si parla di trading regolare, le criptovalute con bassa liquidità per gli standard di criptovaluta non sono la mia prima scelta. La liquidità è fondamentale soprattutto se sei un trader, come investitore non sei così sensibile al tempo; ma se stai facendo trading pensando di compiere mosse improvvise, significa che vuoi detenere criptovalute liquide.

Per essere più chiari, con il temine liquida si intende la capacità di entrare e uscire dal commercio con facilità. Essere in una negoziazione e poter contare su profitti cartacei è meraviglioso. Quando è il momento di convertire i profitti cartacei in reali, e se non sei in grado di farlo, allora non avrai buone notizie perché potrai solo guardarli, e questo non è certo bello. D'altra parte, se sei in perdita e non sei puoi da quella posizione, il tutto si trasforma in un vero incubo. Non mi interessa sapere chi dà consigli o l'opinione di qualsiasi blog tu stia leggendo, devi scambiare criptovalute liquide, non vi sono altre soluzioni.

Selezione di Criptovalute: selezionane alcune e impara a conoscerle bene. Come puoi immaginare, nessun trader scambia 600 monete diverse in una sola volta. Molte persone iniziano il loro percorso con le criptovalute scambiando quelle più conosciute, ad esempio Bitcoin, Ethereum. Dopo qualche tempo, scambiando alcune criptovalute selezionate, queste ti diventeranno più familiari e avrai un'idea più approfondita di come si muovono.

Capitolo 8:
Mettiamo Insieme i Pezzi

trader devono poter contare su di un sistema. Esamineremo e collegheremo i diversi aspetti che compongono un sistema di trading.

Piattaforma di Trading: selezionare la tua piattaforma di trading è importante perché questa rappresenta il veicolo che utilizzi per condurre il trading. Dato che il trading avviene online, è fondamentale che tu utilizzi una piattaforma che corrisponda al tuo stile. Potrebbe essere multi-asset o qualcosa di più semplice. Dovresti conoscere il provider che segue la piattaforma. Con le criptovalute puoi utilizzare una piattaforma di trading o di trattare direttamente con uno scambio. Regolarmente assistiamo a nuovi scambi che entrano sul mercato e, a seconda del paese, è necessario stare attenti. Il mio suggerimento è quello di cercare di ottenere una raccomandazione da un amico o da un consulente crittografico di fiducia.

Obiettivi: senza obiettivi è davvero difficile iniziare con il trading. Parlando di obiettivi, l'analogia che ho sentito e che mi piace utilizzare è che senza averne nemmeno uno sarebbe l'equivalente di andare ad una biglietteria ferroviaria e dire semplicemente "dammi un biglietto!"; e ovviamente ti chiederebbero "un biglietto per dove?"

Gli obiettivi a breve termine possono essere obiettivi di profitto mensili o settimanali, i quali sono personalizzati. Gli obiettivi devono corrispondere al tuo stile e al capitale di rischio disponibile per il trading.

Gli obiettivi a lungo termine sono spesso correlati alla tua strategia di investimento. Sono anche correlati ai tuoi obiettivi a breve termine dato che quelli a lungo termine si dovrebbero basare su obiettivi di profitto a breve termine. Deve esserci una corrispondenza, dato che se hai un obiettivo settimanale di 100 dollari e uno mensile di 1.000 allora vi è una discrepanza da considerare.

Preparazione Mentale: devi essere psicologicamente pronto per il trading. Se stai cominciando a fare trading e sei teso o nervoso, dovresti prenderti una pausa. Medita, fai esercizio, trova qualcosa da fare, ma l'importante è che tu non ti occupi di trading finché non sei pronto psicologicamente.

Con il trading è necessaria una mentalità per cui non devi prendere le cose sul personale. Con il trading è necessario rimuovere le emozioni, l'obiettivo è semplicemente fare soldi.

Conosci la tua tolleranza di rischio: quanto sei disposto a rischiare per ogni operazione? È importante ricordare la prima regola d'oro dei trader, "niente contanti, niente trading". Non importa quello che ti potranno dire, se non ci sono contanti non c'è trading e questo deve essere un elemento da prendere sul serio. Questo si collega alla tua tolleranza al rischio, ad esempio se hai un saldo di 10.000 USD e vuoi rischiare l'1%, l'importo sarà di 100 dollari. Significa che del tuo capitale di rischio, indipendentemente dal contesto di trading, quando imposti il tuo stop loss (mentale o su piattaforma) non dovresti superare i 100 USD.

Fai la tua due diligence: un nuovo giorno è arrivato e il tuo computer è acceso, cosa è successo durante la notte? Cosa è successo sui mercati delle criptovalute? Dovresti conoscere le notizie che sono emerse e, cosa più importante, quali sono state le reazioni dei mercati. Capita che in quella che in teoria dovrebbe essere una buona notizia, i mercati possano sorprendere tutti con una reazione negativa.

Come scegliere il tuo livello di ingresso: conoscere i tuoi punti di ingresso significa avere una buona ragione per ogni operazione effettuata. Se non hai una buona ragione, ti suggerisco di prendere i fondi e di consegnarli ad un ente benefico. Quando selezioni il tuo livello di accesso, necessiti di un buon rapporto rischio-rendimento e questo dovrebbe anche corrispondere alla tua tolleranza al rischio. Viene presa in considerazione anche l'analisi tecnico/fondamentale. I livelli di supporto e resistenza, le notizie, sono tutti elementi essenziali da considerare prima di effettuare qualsiasi modifica. Se stai scambiando criptovalute, devi sapere dove trovare le linee di supporto e resistenza per il periodo di tempo di trading effettivo.

Conosci i Tuoi Livelli di Uscita: Qual è il tuo obiettivo di profitto? Mille dollari o molto meno? Dobbiamo esserne consapevoli. Quando si impostano gli stop di controllo delle perdite, la prima cosa è assicurarsi che rientrino nei parametri individuali. Come per il tuo livello di entrata, dovresti conoscere l'analisi fondamentale, i livelli di supporto e resistenza e la regola d'oro di un trader "taglia le tue perdite e lascia liberi i profitti". Molti trader affermano che sono i profitti a prendersi cura di sé stessi, ma vanno ben valutate le perdite.

Tieni un Diario: potrebbe non essere una cosa che tutti apprezzano, ma è qualcosa che puoi utilizzare per tenere traccia per il mio trading. Comprende diverse cose, l'entrata nello scambio, il livello di uscita e perché ho pensato che lo scambio fosse una buona idea nel momento dell'inserimento. Controllando il tuo diario, se ci sono schemi potrai iniziare a rilevarli. Puoi rimuovere un pattern che non funziona o ampliare uno che invece funziona. Questo ti aiuta a mettere a punto le tue operazioni di trading.

Rivedi i Tuoi Risultati: controlla profitti ed eventuali perdite della giornata. Tutto ciò è importante perché il trading può essere divertente, ma è comunque un business e il punto è realizzare un profitto. Se nel momento della revisione del tuo profitto/perdita scopri che non vi è quello che avevi previsto, il tuo dovere è scoprire il perché. Devi anche sapere cosa si cela dietro i tuoi buoni risultati. Forse si è trattata di pura fortuna, e se così fosse perfetto, ma la fortuna normalmente non è una strategia sostenibile per chi fa trading. Suggerisco sempre, anche nel mio trading, di rivedere il proprio diario. Notizie di mercato? O si trattava della dimensione delle posizioni? Tali fattori possono influenzare i risultati.

Transizione dalla Demo al Trading Live

Suggerimenti per una transizione di successo da una demo a un conto di _trading_ live (questi non sono suggerimenti per _investimento_). Questi sono molti dei punti di cui parlo nelle classi in cui insegno. Il primo da considerare è i livelli di finanziamento realistici. La maggior parte degli account demo offre molto denaro virtuale da utilizzare per fare trading, ma non devi usarlo tutto. Difatti è preferibile utilizzare la stessa quantità di denaro virtuale con cui finanzieresti effettivamente il tuo conto live. In questo modo, potrai farti un'idea migliore di come ci si sente a perdere o guadagnare utilizzando tali importi, sia a livello mentale che fisico. Se passi dal fare trading con centinaia di migliaia di dollari in modalità demo, al trading con cinque o diecimila dollari in modalità live, il tutto sarà molto diverso e non potrai contare su di una strategia di gestione del denaro funzionante con importi di questo genere. Quindi, se puoi disporre di 5.000$ per il trading, conviene che esercitati con 5.000$ anche nel tuo account demo.

Il prossimo riguarda le dimensioni di trading attese, basate sulla realtà dei fatti. Così come per i livelli di finanziamento, sarà necessario effettuare operazioni di dimensioni simili in modalità demo così come potremmo ragionevolmente pensare di fare in modalità live. Ciò garantisce una parità di intenti con la strategia che utilizzerai in modalità live. Potrai contare su di una transizione molto più fluida. Se con il tuo conto finanziato vuoi fare trading di piccole dimensioni, continua a fare trading di piccole dimensioni in modalità demo così da conoscere cosa stai ottenendo in termini di leva finanziaria (se la utilizzi).

Trading redditizio: se nel trading demo ti trovi ad affrontare una perdita ogni settimana, non è saggio passare al trading live dato che rischierai di perdere il tuo denaro reale. Anche se non puoi aspettarti di realizzare un profitto ogni giorno, dovresti uscire in anticipo alla fine di ogni mese prima ancora di prendere in considerazione il passaggio a un conto di trading live.

Capitolo 9:
Casella degli Strumenti di Analisi Tecnica di Criptovaluta

Il punto fondamentale per fare soldi mediante l'analisi tecnica è quella identificare la tendenza e fare trading seguendola. I trend ti rivelano dove è più probabile che i prezzi si spostino in futuro. Se la tendenza di una criptovaluta è in aumento, per fare soldi sarà necessario acquisire la criptovaluta verranno. Se la tendenza di una criptovaluta comincia a scendere, allora sarà necessario vendere la criptovaluta in questione per trarne profitto. Se la tendenza di una criptovaluta è laterale, senza che segua una direzione chiara, prima di fare trading dovrai necessariamente inserire ordini contingenti (non operazioni) o attendere che venga stabilita una tendenza al rialzo o al ribasso chiara. Non è consigliabile combattere la tendenza, e se scegli di farlo aspettati che nella maggior parte dei casi sia per **te** un'esperienza costosa.

Normalmente i trend non si muovono verso l'alto o il basso in modo diretto. Solitamente vanno in una certa direzione per un periodo di tempo e poi ripercorrono temporaneamente (invertendo) una parte del movimento precedente, prima di tornare nella direzione originale. Ogni qualvolta che una criptovaluta torna indietro e inizia a muoversi nella direzione opposta, forma un nuovo massimo o un nuovo minimo. Ad esempio, considerando le criptovalute, si formano nuovi massimi quando una criptovaluta si sposta più in alto e poi si gira e si sposta in una posizione più ribassata. Quando una criptovaluta si sposta più in basso, si gira e si sposta più in alto, allora si formano nuovi minimi. Identificare questi massimi e minimi, permette di identificare se una criptovaluta è in una tendenza al rialzo, una tendenza al ribasso o una tendenza laterale.

Trend al rialzo – I mercati che tendono al rialzo formano una serie di massimi e minimi più alti.

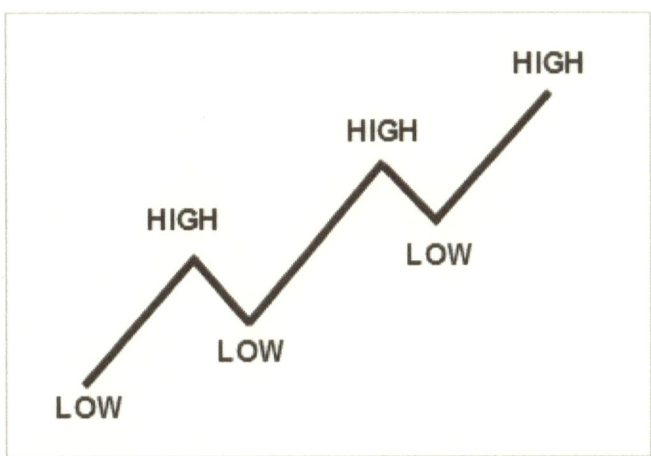

Trend al ribasso – I mercati che tendono al ribasso formano una serie di massimi e minimi inferiori.

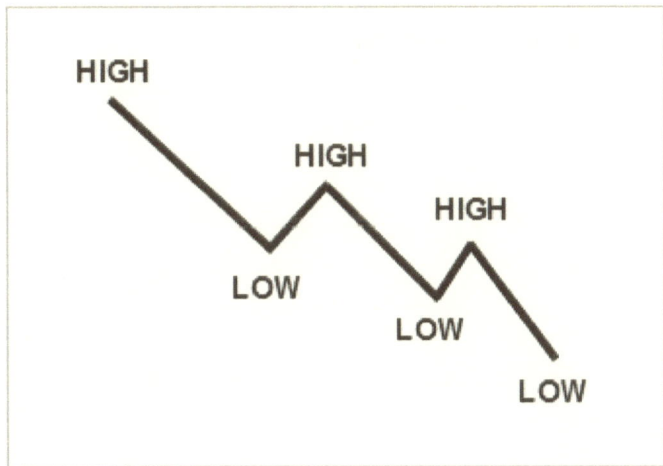

Trend laterali: una criptovaluta che è in trend laterale forma una serie di massimi e di minimi che sono approssimativamente allo stesso livello di prezzo.

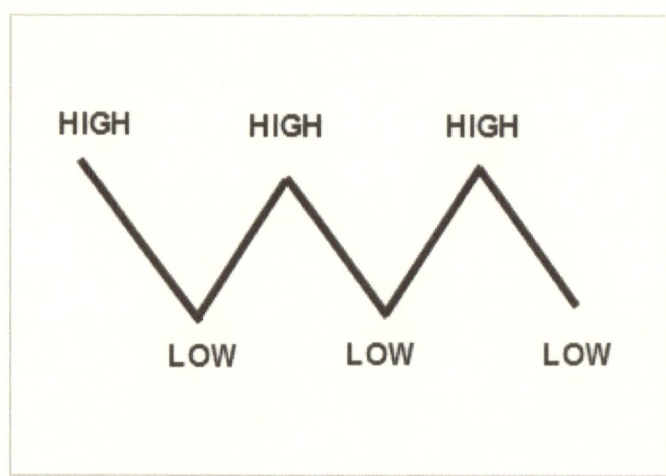

Trend – Che si tratti di trend al rialzo, al ribasso o laterali, queste possono formarsi in vari periodi di tempo. Per avere successo come trader, è fondamentale identificare i diversi trend in ogni periodo di tempo e saperli allinearle nella tua analisi.

Definizione di un grafico a candele giapponesi

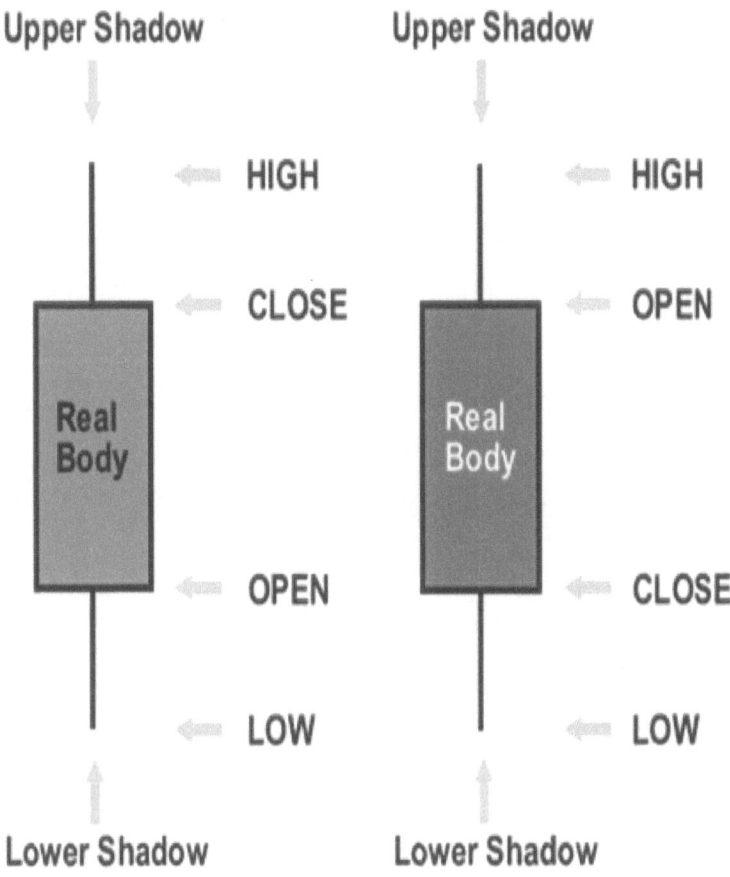

Cominciamo con la definizione di candela giapponese. Una candela giapponese si configura come linea su un grafico che rappresenta un punto e mostra per ogni periodo il massimo, il minimo, l'apertura e la chiusura. Ad esempio, se hai a disposizione un grafico giornaliero, ogni candela giapponese starà ad indicare un giorno e mostrerà il massimo, il minimo, l'apertura e la chiusura per quel giorno. Molte piattaforme utilizzano una candela giapponese rossa per mostrare che il prezzo di chiusura è inferiore a quello di apertura, per quel periodo. Una candela giapponese verde indica che il prezzo di chiusura è superiore a quello di apertura per quel periodo.

Indicatori di Analisi Tecnica

Daremo ora uno sguardo agli indicatori Moving Averages, RSI e Bollinger Bands. Il primo che tratteremo è il Moving Averages (media mobile), utili in quanto rendono più semplice l'individuazione di un trend. Questo è il fondamento di valute, criptovalute o alcuni dei derivati in cui un mercato in rialzo è buono così come uno in ribasso. Pertanto, tutto ciò che dobbiamo fare è identificare o individuare questo trend. Per cercare di spiegare meglio, per una media mobile di cinquanta giorni devi sommare i prezzi di chiusura di questi ultimi cinquanta giorni, dividi per cinquanta e traccia un punto sul grafico per ogni giorno.

Grafico Moving Average

Rivediamo alcune impostazioni di base con l'indicatore moving average. Se abbiamo le impostazioni riportate su di un grafico di MA dieci, MA cinquanta, allora dieci è il breve termine, cinquanta è il lungo termine. La moving average breve, se superiore al più lungo, farà considerare il trend al rialzo. Se la media mobile più breve è inferiore alla più lunga, i trend saranno considerati al ribasso. Su un grafico, se vedi che il dieci supera il cinquanta, il lungo termine in questo esempio, potresti considerarlo come manifestazione iniziale di un segnale di vendita.

Con le moving averages, i segnali di acquisto e vendita sono generati dall'incrocio del prezzo sopra o sotto la linea della moving average. Un termine che sentirai spesso se parli con persone che si occupano di analisi tecnica, è *croce d'oro* e sta a significare che il breve termine rompe al di sopra di quello lungo. L'esempio che abbiamo è dieci e cinquanta, ma avrei potuto scegliere venti e trenta, quindici e diciassette, dipende dal trader e dallo strumento atto al trading.

Relative Strength Index (RSI)

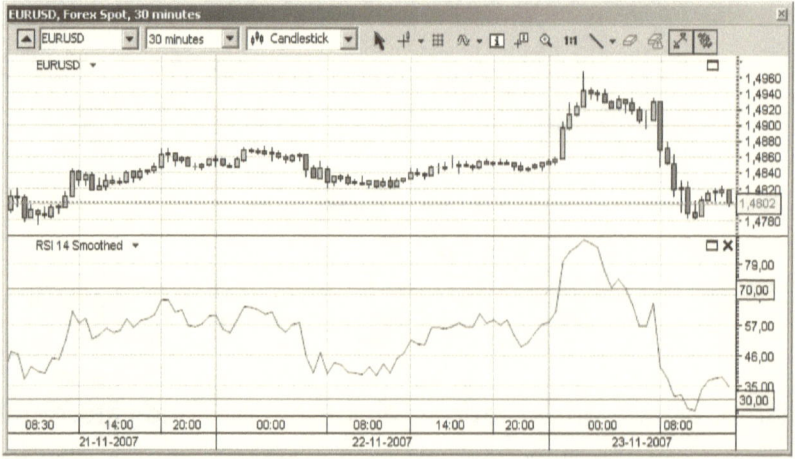

L'RSI, Relative Strength Index (Indice di Forza Relativa), viene utilizzato come identificativo nel caso in cui il mercato (azione, valuta, criptovaluta, ecc.) risulti ipercomprato o ipervenduto. È classificato come indicatore anticipatore dato che inizia a dare segnali prima dell'inizio del trend. Ha un indice che va da zero a cento.

Il grafico RSI è visibile quello EURUSD. L'RSI corrisponde più o meno a ciò che sta accadendo, o dovrebbe accadere. Letture inferiori a trenta indicano una possibile ipervendita del mercato e quando vedi o senti il termine ipervenduto significa proprio vendita eccessiva. Letture superiori a settanta sono indicatori che il mercato potrebbe essere ipercomprato, con presenza di acquisti eccessivi. Tieni presente che si tratta solo di indicazioni, non sono garanzie di nulla. Come nota da considerare, il mercato può rimanere ipercomprato o ipervenduto per un periodo di tempo considerevole.

Bande di Bollinger

Le Bande di Bollinger è uno strumento molto utilizzato investitori e trader quando vogliono aggiungere diversi aspetti di analisi tecnica alle operazioni aperte. Vengono utilizzati per misurare la volatilità del mercato. Le bande definiscono i limiti superiore e inferiore del range del trading. Quando visualizzi le bande su un grafico, ne avrai una superiore e una inferiore. Lo spazio tra la parte superiore e quella inferiore è chiamato canale di acquisto – vendita. Utilizza lo spazio tra le bande per avere un'idea di dove ti trovi all'interno del range di trading. Se sei vicino al massimo, sai di essere vicino anche al livello di resistenza e che esiste la possibilità di un'inversione di prezzo (il mercato inverte la direzione). Se sei nella parte finale, allora sai che sei vicino al livello di supporto per una potenziale inversione di prezzo.

Nella maggior parte dei casi i prezzi rimangono tra le bande. Molti trader considerano un segnale il caso del prezzo che inizia a saltare, quindi devi esserne consapevole.

Comprensione dei Livelli di Supporto e Resistenza

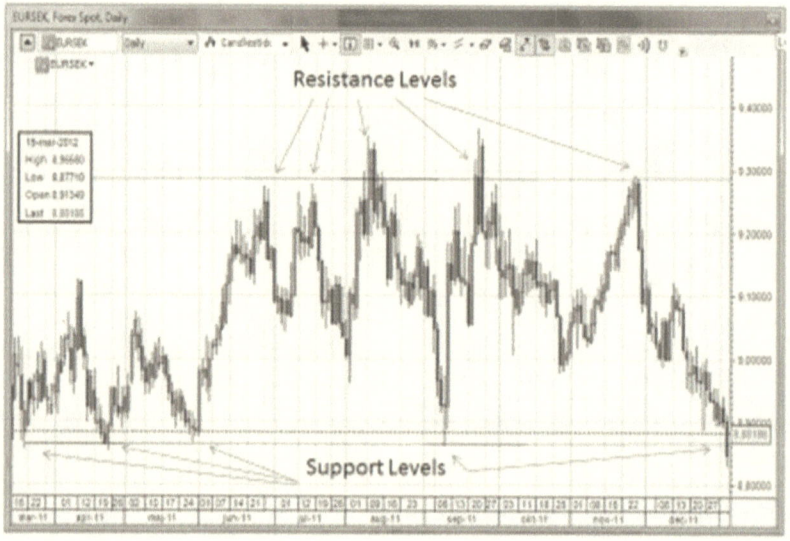

Il livello di supporto è il livello di prezzo sotto il quale lo strumento negoziato ha storicamente avuto problemi a scendere. Ad esempio, se abbiamo un supporto intorno a 1,4380, potresti vedere su un grafico che il mercato è rimasto a quel livello (1,4380) più volte senza scendere ancora più in basso. Quindi nel gergo dell'analisi tecnica questo sarebbe considerato un livello di supporto. Il livello di resistenza è esattamente l'opposto, il livello di prezzo sopra il quale lo strumento ha storicamente avuto difficoltà di negoziazione.

Chart patterns similar to the letters M & W

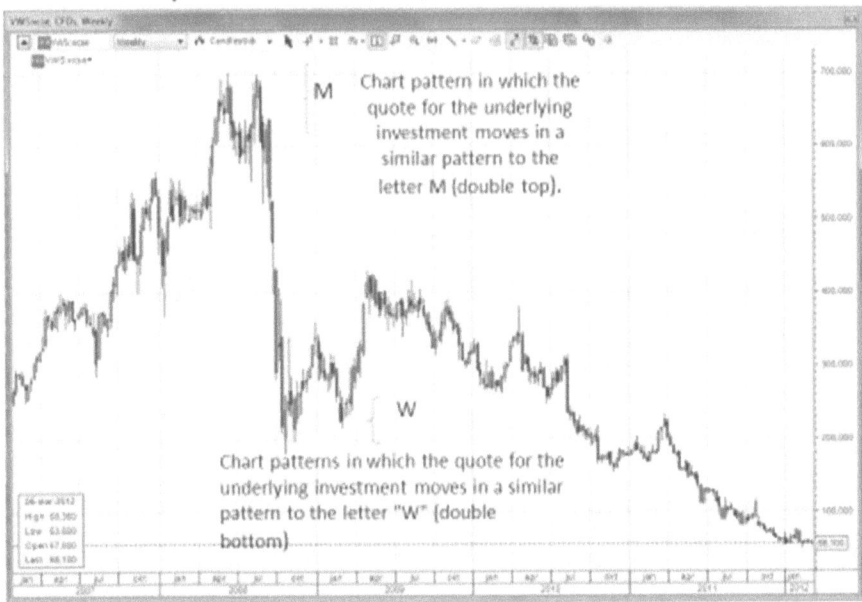

Schemi Grafici "W" Doppio Inferiore o "M" Doppio Superiore

Si tratta di schemi grafici nei quali il prezzo quotato per lo strumento si muove in un modello simile alla lettera "W" (doppio inferiore) o "M" (doppio inferiore). Gli schemi doppi superiori e inferiori si utilizzano nell'analisi tecnica per spiegare i movimenti di un'azione, di una criptovaluta o di altri investimenti e sono utilizzabili come parte di una strategia di trading che prefigge di sfruttare i modelli ricorrenti. Un doppio superiore e un doppio inferiore sono entrambi schemi di inversione di tendenza.

Un **doppio inferiore** normalmente si verifica dopo un forte trend al ribasso e sta ad indicare che un trend al rialzo potrebbe essere imminente. Gli "inferiori" sono valli che si formano nel momento in cui il prezzo raggiunge un certo livello di supporto che non può essere spezzato. Dopo aver raggiunto tale livello, il prezzo rimbalzerà leggermente prima di tornare ad attestarsi nuovamente al livello. Se il prezzo rimbalza una seconda volta sul supporto, allora avrai a che fare con una formazione a doppio inferiore. Se il doppio inferiore non può spezzare il minimo del primo, allora si tratta di un segnale forte dell'avvento di un'inversione. Una ´neckline´ è disegnata in alto tra i due "superiori". Con un doppio inferiore, potresti pensare di posizionare il tuo ordine di ingresso lungo (acquisto) sopra la "neckline" aspettandoti che il trend si modifichi al rialzo.

Un **doppio superiore** si forma solitamente dopo un trend al rialzo esteso e indica che presto potrebbe arrivare ad un trend al ribasso. I "superiori" riguardano picchi formatisi nel momento in cui il prezzo raggiunge un certo livello di resistenza che non può essere spezzato. Dopo aver raggiunto tale livello, il prezzo rimbalzerà leggermente per poi tornare indietro e testare nuovamente il livello. Se il prezzo rimbalza di nuovo da quel livello, allora avrai doppio superiore. Se il secondo superiore non può spezzare il massimo del primo superiore, allora puoi considerarlo un forte segnale dell'arrivo di una inversione. Una ´neckline´ viene tracciata in basso tra i due ´superiori´. Con un doppio superiore, potresti pensare di andare a posizionare il tuo ordine di entrata allo scoperto (vendita) sotto la "neckline" aspettandoti un trend di cambi al ribasso.

Capitolo 10:
Gli argomenti più comuni contro Bitcoin e Criptovalute - con risposte

La maggior parte dei commercianti accetta carte di credito e contanti, ma il Bitcoin non è così tanto accettato:

Al momento possiamo dire che questo è generalmente vero, ma la realtà sta cambiando. Ad oggi vi sono più di 150,000 commercianti in tutto il mondo che accettano Bitcoin come metodo di pagamento. All'inizio del 2014 overstock.com è diventato il primo grande rivenditore ad accettare pagamenti in Bitcoin. Altre aziende che accettano pagamenti sono Subway, Wordpress, Virgin Galactic, Reddit, Wikipedia, Shopify, OKCupid, Amazon, Paypal e Ebay. Ma c'è dell'altro: alla fine di novembre 2017 una delle quattro grandi società di contabilità, PricewaterhouseCoopers, ha dichiarato di accettare un pagamento in Bitcoin per i suoi servizi di consulenza.

Un punto fondamentale da considerare è che le criptovalute non sono valute legali. Diventano simili a una fiat solo quando un governo gli conferisce corso legale. Se ciò dovesse accadere, allora sì, il tuo fornitore di bici o il tuo bar dovrebbero accettarli quando scegli di spenderli.

I governanti non rinunciano al controllo del denaro senza combattere. Distruggeranno le criptovalute:

Esiste una reale possibilità e il rischio di un intervento del governo, ma non esiste un movimento crescente che giustificherebbe ciò. Alcuni paesi li hanno vietati e i loro prezzi e l'accettazione da parte del pubblico in generale sono aumentati. Anche tra i banner sono state bandite solo alcune attività, ad esempio le ICO.

Bitcoin e altre criptovalute stanno beneficiando dei vantaggi del first mover, ma cosa succede con la concorrenza futura?

Non c'è bisogno di aspettare il futuro, i competitor esistono già. Fino ad adesso il valore di mercato delle migliori criptovalute first mover è solamente aumentato. Le criptovalute più popolari vengono utilizzate soprattutto per immagazzinare o aumentare la ricchezza. In altre parole, molte persone acquistano criptovalute solo in prospettiva che il prezzo aumenti. La competizione offre ai soggetti più opzioni, ma non ha distrutto nessuno dei top player. Ad esempio, solo perché una nuova società è quotata in borsa non significa automaticamente che i suoi competitor crolleranno. Molti investitori semplicemente preferiscono diversificare.

Capitolo 11:
Cosa Aspettarsi Per il Prossimo Futuro

Ho utilizzato volutamente la frase cosa aspettarmi nel prossimo futuro, perché fare affermazioni a lungo termine sulle criptovalute a mio parere è qualcosa di sciocco.

Meno Follia sulle ICO

La follia dell'ICO perderà parte della mentalità irrazionale da corsa all'oro e vedremo una migliore auto-sorveglianza da parte degli attori del mercato attuali. I regolatori pubblici e governativi hanno dei limiti di tollerabilità.

Norma di Riferimento:

I Bitcoin e altre criptovalute rimangono non regolamentate nella maggior parte dei casi. Di recente ho ricevuto informazioni sulla quantità di agenzie che rivendicano la giurisdizione sulle criptovalute. Solo negli Stati Uniti sono presenti il FinCEN del Dipartimento del Tesoro, la Securities and Exchange Commission e l'Internal Revenue Service (IRS). La situazione è ancora più confusa dato che non c'è accordo nemmeno tra i regolatori su cosa sia un Bitcoin. Ad esempio, l'IRS lo tratta come una proprietà e la Commodity Futures Trading Commission afferma che sia una merce. Per gli operatori di mercato tutto questo comporta confusione a nuovi livelli. Anche con tutta questa confusione, per aumentare la fiducia dei più ampi mercati al dettaglio e istituzionali sono necessarie normative più appropriate per un mercato in crescita. Ciò dovrebbe anche includere sanzioni rapide ed incisive per coloro che attuano comportamenti scorretti.

In attesa di saperne di più

Ciò che attendo di vedere di con impazienza di più nel prossimo futuro della criptovaluta.

1-Gli scambi miglioreranno sia in termini di sicurezza che nella loro capacità di far fronte alle impennate della domanda. Anche se gli scambi di criptovaluta non sono soggetti allo stesso livello di controllo di quelli tradizionali, in futuro diventerà sempre più difficile continuare a parlare di tale problema di sicurezza. Perché? il panorama delle criptovalute è già abbastanza costellata da tristi storie di hacking con milioni di furti. Nessuna regione al mondo può pensare di puntare il dito. Succede in Oriente come in Occidente, a grandi e piccoli scambi. A differenza dei fondi che troveresti nella banca della tua città, se il tuo conto viene violato in una borsa valori potrai far affidamento su pochissimo ricorso per riuscire a recuperare i tuoi fondi, e considera che al momento della stesura di questo documento non sarà disponibile alcuna assicurazione. Tutti sanno che gli hacker cercano costantemente conti di criptovaluta, per questo la difesa deve intensificarsi. Le minacce interne compongono un'altra serie di problematiche che vanno dall'insider trading ad altri comportamenti finanziari scorretti da parte dei dipendenti.

Molte delle borse normate e più grandi hanno ceduto alla domanda di nuovi conti durante le recenti esplosioni di mercato. Questa volta avranno un passaggio, ma quante altre volte il pubblico o chi è al potere sarà indulgente?

2- L'autunno 2017 ha visto il lancio dei futures Bitcoin e sarà interessante vedere come il tutto andrà a finire. Il pubblico ha chiesto un mercato più regolamentato; fare trading su una borsa a termine è basato totalmente sulle norme. Questa è stata anche la prima volta che i trader di Bitcoin hanno potuto coprire la loro posizione in un mercato regolamentato. Ora possono prendere l'altra parte nel mercato, con vendita scoperta.

3- Più monete eliminano la necessità di miner. Attualmente, la maggior parte del mining di Bitcoin viene svolto da poche aziende. Questa per il mercato non è una situazione salutare dato che possono utilizzare questa influenza in modi non desiderabili.

4-I miglioramenti nella velocità delle transazioni sembrano attirare l'attenzione di molti influencer del settore. Il ritmo relativamente lento di una transazione di routine può essere un problema anche per i fan del Bitcoin. Vi sono diverse criptovalute che hanno cominciato ad affrontare queste sfide e sono davvero entusiasta di vedere come si stanno sviluppando.

Bitcoin e criptovalute sono cambiate molto da quando venivano perlopiù più associate ai criminali. Ora vi è una consapevolezza pubblica più ampia e positiva. Le transazioni di futures su Bitcoin sono autorizzate anche da aziende di Wall Street di alto livello, qualcosa di cui non molto tempo fa sarebbe stato deriso. Per far sì i progressi proseguano come stabilito, sarà necessario avere meno clamore, normative pertinenti e scambi con maggior sicurezza e trasparenza.

Credo che tali suggerimenti garantiranno che le criptovalute, come asset class, vadano oltre la fase dei primi utenti.

Conclusioni

Grazie per essere arrivato alla fine di *La Guida Definitiva per Padroneggiare Bitcoin e Criptovalute.* Spero che sia stato informativo e in grado di fornirti gli strumenti di necessiti per raggiungere i tuoi obiettivi di trading di criptovalute e fare soldi. Il prossimo passo è quello di mettere alla prova le tue abilità nel trading e accumulare il tuo capitale di rischio. Questo ti darà la motivazione di cui necessiti per avere successo. Mi sono occupato di molti altri libri inerenti diversi aspetti del trading e delle classi di attività, se vuoi dagli un'occhiata!

L'AUTORE

Wayne **Walker** è il fondatore di GCMS, una delle principali società di consulenza e formazione sui mercati dei capitali (gcmsonline.info). È una vera e propria autorità nel trading e nella formazione nel campo delle criptovalute. Oltre a lanciare il primo corso di formazione sulla criptovaluta nel Nord Europa, è anche autore colto e giornalista ospite di Cryptcoin.news, una delle voci principali del settore. Chi è seriamente interessato al trading e agli investimenti in criptovalute dovrebbe contattare GCMS.

Vocabolario Essenziale di Bitcoin

Blockchain: si tratta di un documento/registro **pubblico** delle transazioni Bitcoin in ordine cronologico. La blockchain è un elemento condiviso da tutti gli utenti Bitcoin. Viene utilizzata per verificare la permanenza delle transazioni Bitcoin e per prevenire la doppia spesa.

Blocco: si tratta di <u>un record presente nella blockchain</u> che contiene e conferma le transazioni in attesa. Circa ogni 10 minuti in media, viene creato un nuovo blocco che include le transazioni nella blockchain tramite il mining.

Blocco di Genesi: si tratta del primo blocco creato e quindi l'inizio della blockchain.

Hash Rate: è l'unità di misura della potenza di elaborazione della rete Bitcoin. Per motivi di sicurezza la rete Bitcoin deve effettuare operazioni matematiche intensive. Quando la rete raggiungeva un tasso di hash di 10 Th/s, allora poteva eseguire 10 trilioni di calcoli al secondo.

Mining: è il processo con cui l'hardware del computer esegue calcoli matematici per la rete Bitcoin come conferma delle transazioni e per aumentare la sicurezza. Come ricompensa per i loro servizi, i miner di Bitcoin possono raccogliere le commissioni di transazione le operazioni confermate, insieme ai bitcoin di nuova creazione. Il mining è specializzato e competitivo, le ricompense vengono suddivise in base al calcolo effettuato.

Conferma: la conferma significa che una transazione è stata elaborata dalla rete ed è altamente improbabile che venga annullata. Le transazioni ricevono conferma una volta incluse in un blocco e per ogni blocco successivo. Anche una singola conferma può essere considerata sicura se si tratta di transazioni di basso valore, sebbene per importi maggiori come 1.000 $ abbia più senso attendere altre conferme.

Doppia Spesa: se un utente malintenzionato tenta di spendere i propri bitcoin su due destinatari differenti contemporaneamente, allora si parla di doppia spesa. Il mining di bitcoin e la blockchain sono state pensate per creare consenso sulla rete su quale delle due transazioni verrà confermata e considerata valida.

Chiave Privata: si tratta di un dato segreto che dimostra il diritto acquisito di spendere bitcoin da un portafoglio specifico tramite firma crittografa. Se utilizzi un portafoglio software puoi trovare le tue chiavi private nel tuo computer, mentre saranno archiviate su alcuni server remoti se utilizzi un portafoglio web. Le chiavi private non devono mai essere rivelate dato che ti permettono di spendere bitcoin per il rispettivo portafoglio Bitcoin.

Firma: una firma crittografa è un meccanismo matematico che permette ad un soggetto di dimostrarne la proprietà. Nel caso di Bitcoin, un portafoglio Bitcoin e le sue chiavi private sono collegate tramite magia matematica. Nel momento in cui il tuo software Bitcoin firma una transazione con la chiave privata appropriata, l'intera rete può visualizzare che la firma corrisponde ai bitcoin spesi. Ma non vi è comunque modo per gli altri di conoscere la tua chiave privata e rubare così i tuoi bitcoin.

Portafoglio: un portafoglio Bitcoin si può considerare come l'equivalente di un portafoglio fisico sulla rete Bitcoin. Il portafoglio contiene effettivamente le tue chiavi private che ti permettono di spendere i bitcoin ad esso assegnati nella blockchain. Ogni portafoglio Bitcoin può farti visualizzare il saldo totale di tutti i bitcoin controllati e ti permette di pagare un importo ad un soggetto specifico.

Cold Storage: questo è il processo pensato per lo spostamento dei tuoi bitcoin su un portafoglio offline. Il vantaggio è che nessuno potrà hackerare il tuo computer e rubare le tue chiavi private se questo non è connesso ad una rete. I bitcoin dovranno essere portati fuori dalla cella frigorifera per essere spesi o trasferiti nuovamente.

Indirizzo: un indirizzo Bitcoin è una stringa univoca di 27-34 caratteri alfanumerici. Puoi creare un indirizzo liberamente utilizzando un portafoglio e inizia sempre con 1 o 3.

Valute Alternative: Le molte valute alternative sono nate in base all'idea e/o al codice alla base del Bitcoin. Alcuni dei più importanti sono Litecoin, IOTA e Ripple.

Forchetta: con "forchetta" si parla di una modifica al software della valuta digitale che crea due versioni separate della blockchain con cronologia condivisa. Le forchette possono essere temporanee o avere una divisione permanente nella rete creando quindi due versioni separate della blockchain. In questo caso vengono anche create due valute digitali differenti.

DDOS: abbreviazione di "Distributed Denial of Service". Un attacco DDoS tempestivo alle borse durante i movimenti volatili può essere devastante dato che in questo caso i trader non sono in grado di effettuare alcun ordine manualmente e rimangono in balia degli ordini preimpostati.

* L'infografica del Capitolo 2 è stata creata da CB Insights.

www.ingramcontent.com/pod-product-compliance
Lightning Source LLC
Chambersburg PA
CBHW022128170526
45157CB00004B/1785